Navigare nella Tempesta Emotiva: La Guida Definitiva per Comprendere, Affrontare e Trasformare la Rabbia

Dall'identificazione dei segnali alla comunicazione efficace: Strategie, Esercizi e Testimonianze per una Vita Libera dalle Esplosioni d'Ira e un Benessere Emotivo Rinnovato

Giacomo Salvati

Introduzione

- Breve presentazione sull'importanza di comprendere e gestire la rabbia nella vita quotidiana.

Capitolo 1: Introduzione alla rabbia

- Cosa significa la rabbia.
- Perché ci sentiamo arrabbiati: aspetti biologici e psicologici.

Capitolo 2: L'importanza della gestione della rabbia

- Consequenze negative della rabbia su salute fisica e mentale.

Capitolo 3: Riconoscere i segnali precoci

- Come identificare i segnali del corpo.
- Segnali emotivi dell'arrivo della rabbia.

Capitolo 4: Origini della rabbia

- Stress e frustrazioni quotidiane.
- Esperienze traumatiche o negative passate.

Capitolo 5: I diversi tipi di rabbia

- Definizione di diversi tipi e come si manifestano.

Capitolo 6: Autoconsapevolezza emotiva

- Esplorare le proprie emozioni.

Conclusione

- Riflessioni finali sull'importanza della gestione della rabbia e il percorso verso il benessere emotivo.

Appendice

- Ulteriori risorse, libri, corsi e riferimenti sul tema.

Introduzione • Breve presentazione sull'importanza di comprendere e gestire la rabbia nella vita quotidiana.

Introduzione: La rabbia e il suo posto nella nostra vita

La rabbia è una delle emozioni fondamentali dell'essere umano, al pari della gioia, della tristezza, della paura e dell'amore. Tutti, in varie fasi della vita, sperimentano momenti di rabbia. Che si tratti di un contrattempo nel traffico, di una disputa con un collega o di una profonda frustrazione personale, la rabbia ha la capacità di emergere nei momenti più inaspettati.

Ma perché la rabbia è così importante?
Perché non possiamo semplicemente
ignorarla o sopprimerla?

La rabbia, come ogni emozione, ha una
funzione. Può segnalarci che qualcosa non
va, che un nostro diritto è stato violato, o
che abbiamo delle aspettative non
soddisfatte. È un campanello d'allarme che
ci dice di prestare attenzione, di difendere
le nostre esigenze o di cercare un
cambiamento. Tuttavia, quando non
gestita correttamente, la rabbia può
trasformarsi in un nemico silenzioso che
erode il nostro benessere, le nostre
relazioni e la nostra qualità di vita.

L'importanza di gestire la rabbia non si
limita solo a prevenire episodi spiacevoli o
esplosioni emotive. Si tratta di
comprendere se stessi, di costruire
relazioni sane e di vivere una vita
equilibrata e soddisfacente. Una rabbia
non gestita può portare a problemi di
salute, come l'ipertensione e le malattie
cardiache, può deteriorare le relazioni

personali e professionali e può ridurre la nostra capacità di godere delle piccole gioie della vita.

In questo libro, ci imbarcheremo in un viaggio per comprendere la natura della rabbia, le sue cause e come può essere gestita in modo efficace e costruttivo. Attraverso esempi, storie reali, strategie e tecniche, spero di fornirvi gli strumenti necessari per affrontare la rabbia in modo sano e per trasformarla in una forza positiva nella vostra vita.

La gestione della rabbia non significa eliminare questa emozione, ma piuttosto apprendere come esprimere la rabbia in modo appropriato, come ascoltare il suo messaggio e come utilizzarla come una bussola per indirizzare le nostre azioni in modo positivo. Vi invito quindi a unirvi a me in questo percorso di scoperta, consapevolezza e trasformazione.

Capitolo 1: Introduzione alla rabbia

La rabbia: una definizione

La rabbia è un'emozione intensa che tutti noi abbiamo provato almeno una volta nella vita. Si manifesta come una reazione a una percezione di minaccia o ingiustizia, reale o immaginaria, e può variare in intensità da un leggero fastidio a una profonda ira. Si tratta di una risposta naturale e, in certi contesti, può persino essere considerata protettiva o adattiva.

Ma prima di approfondire il perché ci arrabbiamo, vediamo di definire con precisione cosa significhi "rabbia".
La rabbia può essere definita come una reazione emotiva intensa che si verifica in risposta a un evento o a una situazione percepite come minacciose o frustranti. Può manifestarsi attraverso vari comportamenti, pensieri e sensazioni fisiche, come l'arrossamento del viso, l'aumento della frequenza cardiaca o il

desiderio di reagire fisicamente o verbalmente.

Origini biologiche e psicologiche della rabbia

Aspetti Biologici:
L'essere umano, come molti altri animali, ha sviluppato meccanismi di difesa per far fronte a situazioni potenzialmente pericolose. Questi meccanismi sono radicati nella nostra biologia. Quando percepisci una minaccia, il tuo corpo risponde liberando una serie di ormoni, tra cui adrenalina e cortisolo. Questi ormoni preparano il corpo per una risposta immediata, spesso descritta come "lotta o fuga". Si tratta di un'eredità evolutiva che ci ha permesso di sopravvivere in ambienti ostili.

In risposta a queste secrezioni ormonali, la frequenza cardiaca può aumentare, i muscoli possono diventare tesi e l'attenzione può focalizzarsi sulla fonte della minaccia. Questa è la biologia della rabbia in azione.

Aspetti Psicologici:
Dal punto di vista psicologico, la rabbia spesso nasce da percezioni, pensieri o credenze legate all'ingiustizia, alla violazione dei propri diritti o all'incapacità di raggiungere un obiettivo. Ecco perché due persone possono reagire in modo diverso alla stessa situazione: dipende da come interpretano e valutano quella situazione.

Alcuni di noi sono più propensi a sentirsi arrabbiati a causa di precedenti esperienze di vita, traumi o modelli appresi durante l'infanzia. Ad esempio, se da bambino hai imparato che esprimere la rabbia è l'unico modo per ottenere attenzione o per difendere i tuoi diritti, potresti portare questo modello comportamentale nell'età adulta.

Concludendo, la rabbia è una complessa interazione tra biologia e psicologia. Comprendere entrambi questi aspetti ci aiuta a riconoscere la rabbia quando si presenta e a sviluppare strategie per gestirla in modo sano e costruttivo. Mentre proseguiremo nel nostro viaggio, esploreremo ulteriormente come queste due dimensioni si influenzano a vicenda e come possiamo lavorare su di esse per migliorare la nostra relazione con la rabbia.

Capitolo 2: L'importanza della gestione della rabbia

Consequenze della rabbia sulla salute: non solo una questione emotiva

Quando pensiamo alla rabbia, tendiamo a concentrarci sulle sue manifestazioni immediate: urla, discussioni accese, e in alcuni casi comportamenti aggressivi. Tuttavia, l'ambito delle ripercussioni della rabbia va ben oltre le sue manifestazioni visibili. La rabbia cronica o non gestita può avere profonde implicazioni sulla nostra salute fisica e mentale.

Salute Fisica e Rabbia: Un Collegamento Preoccupante

1. *Problemi Cardiovascolari:* La rabbia frequente o intensa può aumentare il rischio di malattie cardiache. L'aumento della frequenza cardiaca e della pressione sanguigna, tipici delle risposte all'ira, possono, a lungo termine, danneggiare i vasi sanguigni e il cuore.
2. *Sistema Immunitario Compromesso:* Gli episodi ripetuti di rabbia possono indebolire il sistema immunitario, rendendo il corpo più vulnerabile a infezioni e malattie.

3. *Problemi Digestivi:* La rabbia può interferire con la digestione, portando a sintomi come gastrite o ulcere.

4. Insonnia: La tensione e lo stress associati alla rabbia possono influire sulla qualità del sonno.

Salute Mentale: L'Ombra Nascosta della Rabbia

1. Ansia e Depressione: La rabbia cronica può portare a stati di ansia prolungati. Se non gestita, la rabbia può anche portare a sentimenti di impotenza, che sono legati alla depressione.

2. Ridotta Qualità delle Relazioni: La rabbia non controllata può danneggiare le relazioni con amici, familiari e colleghi, portando a sentimenti di isolamento e solitudine.

3. Bassa Autostima: Vivere in uno stato di irritazione o frustrazione costante può influire negativamente sulla percezione di sé e sulla propria autostima.

4. Abuso di Sostanze: Alcune persone potrebbero utilizzare alcol o droghe come mezzo per gestire o sopprimere la rabbia, il che può portare a dipendenze e ulteriori problemi di salute mentale.

In Conclusione: La Rabbia Oltre l'Esplosione Momentanea

La gestione della rabbia non è solo una questione di evitare scontri o episodi di ira; si tratta di proteggere il nostro benessere generale. La rabbia non controllata ha un prezzo alto, sia fisicamente che mentalmente. Riconoscere l'importanza di gestire la rabbia e intraprendere passi attivi verso una gestione efficace è il primo passo verso una vita più sana e equilibrata. Nel corso di questo libro, esploreremo ulteriormente come fare ciò, fornendo strumenti e strategie per una gestione sana della rabbia.

Capitolo 3: Riconoscere i segnali precoci

La consapevolezza prima dell'esplosione: l'importanza di riconoscere i segnali

Uno degli aspetti fondamentali della gestione della rabbia è la capacità di riconoscere i segnali precoci prima che l'ira prenda il sopravvento. Questi segnali possono manifestarsi sia fisicamente che emotivamente. Averne consapevolezza ci permette di intervenire prima che la situazione esploda, rendendo la gestione della rabbia più facile ed efficace.

Identificare i segnali del corpo: la fisiologia dell'ira

1. Aumento della Frequenza Cardiaca: Uno dei primi segnali dell'arrivo della rabbia può essere un battito cardiaco accelerato o palpitante.

2. Tensione Muscolare: Puoi sentire tensione, in particolare, nelle spalle, nella mandibola o nei pugni.

3. Respiro Affannoso: La respirazione può diventare più superficiale e veloce.

4. Sudorazione: Alcune persone possono iniziare a sudare, specialmente sulle mani o sulla fronte.

5. Sensazioni di Calore o Freddo: Puoi avvertire ondate di calore o, al contrario, brividi.

6. Stomaco Agitato: La rabbia può manifestarsi anche con una sensazione di malessere o nausea.

Segnali emotivi dell'arrivo della rabbia: leggere le emozioni

1. Irritazione: Questo è spesso il primo segno. Piccole cose che normalmente ti scivolano addosso possono iniziare a infastidirti.

2. Frustrazione: Sentirsi impotenti o bloccati in una situazione può essere un precursore della rabbia.

3. Sensazioni di Ingiustizia: La percezione che qualcosa non sia giusto o che i tuoi diritti siano stati violati.

4. Ansia o Sentimenti di Panico: La crescente tensione può manifestarsi come ansia.

5. Desiderio di Reagire: Una forte spinta interiore a rispondere, che può manifestarsi come desiderio di urlare, lanciare qualcosa o addirittura di reagire fisicamente.

In Conclusione: Prevenire piuttosto che Curare

Il vecchio adagio "prevenire è meglio che curare" è particolarmente vero quando si tratta di rabbia. Riconoscere questi segnali precoci ti offre una finestra di opportunità per intervenire, prenderti un momento per calmarti e valutare la situazione in modo razionale. Nel prosieguo di questo libro, impareremo diverse tecniche e strategie per fare proprio questo, affrontando la rabbia in modo proattivo piuttosto che reattivo.

Capitolo 4: Origini della rabbia

Radici dell'Ira: Alla ricerca delle cause profonde

La rabbia, come tutte le emozioni, non nasce dal nulla. Ha radici che si possono rintracciare in varie esperienze, situazioni o sentimenti interni. Comprendere da dove nasce la rabbia può aiutare non solo a gestirla meglio, ma anche a prevenirla o ridurla. Vediamo alcune delle cause più comuni.

Stress e frustrazioni quotidiane: La tensione continua

1. Pressioni della Vita Moderna: Viviamo in un mondo frenetico, con molte richieste e aspettative che pesano su di noi. Queste pressioni possono accumularsi, creando uno stato di stress cronico che rende più facile scivolare nell'ira.

2. Ostacoli e Imprevisti: Quando i nostri piani vengono interrotti o incontriamo ostacoli inaspettati, la frustrazione può montare rapidamente.

3. Conflitti Relazionali: Disaccordi con partner, familiari, amici o colleghi possono facilmente alimentare sentimenti di rabbia.

4. Problemi sul Lavoro: Sfide come carichi di lavoro eccessivi, conflitti con i colleghi o insoddisfazione lavorativa possono essere fonti significative di stress e rabbia.

Esperienze traumatiche o negative passate: L'ombra del passato

1. Abusi o Violenza: Le persone che hanno subito abusi fisici, emotivi o sessuali possono portare con sé una profonda rabbia repressa.

2. Perdite e Lutto: La perdita di una persona cara, una relazione o un'opportunità può causare sentimenti di rabbia, soprattutto se la perdita è percepita come ingiusta.

3. Esperienze d'Infanzia: Eventi o circostanze durante l'infanzia, come essere vittima di bullismo, negligenza o vivere in un ambiente familiare instabile, possono lasciare cicatrici emotive che si manifestano come rabbia in età adulta.

4. Traumi Accumulati: A volte, non è un singolo evento traumatico, ma una serie di piccoli traumi o ingiustizie accumulate nel tempo che alimentano la rabbia.

In Conclusione: Introspezione e Comprensione

Le origini della rabbia possono essere complesse e interconnesse. Prendersi il tempo per riflettere sulle cause profonde dei propri sentimenti di rabbia può offrire preziose intuizioni su come gestirla. Con la comprensione, possiamo sviluppare empatia per noi stessi e strategie mirate per affrontare le situazioni e le emozioni scatenanti. Nei capitoli successivi, esploreremo ulteriormente questi aspetti, fornendo strumenti e tecniche per affrontare le radici della nostra rabbia.

Capitolo 5: I diversi tipi di rabbia

Sfumature dell'Ira: Oltre il semplice "arrabbiato"

La rabbia non è un'emozione monolitica. Ha diverse sfumature e intensità, e comprendere i diversi tipi di rabbia può aiutarci a gestirla in modo più efficace. Ciascuna forma di rabbia ha le sue particolari manifestazioni, cause e potenziali soluzioni.

1. Rabbia Passiva:

Definizione: Si tratta di una forma sottile di rabbia che non viene espressa apertamente. La persona potrebbe evitare conflitti, ma esprime la sua rabbia attraverso comportamenti passivi-aggressivi.

Manifestazioni: Sarcastico, ritardo cronico, comportamento ostile sotto forma di "scherzi" o commenti caustici.

2. Rabbia Esplosiva:

Definizione: Questa forma di rabbia è improvvisa e intensa, spesso in risposta a una provocazione. Può manifestarsi come un'esplosione di furia.

Manifestazioni: Urla, rottura di oggetti, aggressività fisica.

3. Rabbia Repressa:

Definizione: La rabbia repressa è quando i sentimenti di rabbia vengono tenuti dentro e non espressi, accumulandosi nel tempo.

Manifestazioni: Tensione cronica, irritabilità, sensazione di essere "sul punto di esplodere", problemi di salute come mal di testa o ipertensione.

4. Rabbia Resentita:

Definizione: Nasce da un senso di ingiustizia o da vecchie ferite e rancori che non sono stati risolti.

Manifestazioni: Ruminazione su vecchi torti, difficoltà a perdonare, comportamento vendicativo.

5. Rabbia Costruttiva:

Definizione: Questa forma di rabbia è usata come catalizzatore per il cambiamento positivo. È uno stato di rabbia controllato e diretto verso la risoluzione di problemi.
Manifestazioni: Advocacy, lotta per la giustizia, impegno in cause sociali.

6. Rabbia Cronica:

Definizione: Si tratta di un persistente stato di irritabilità, che può non essere legato a una causa specifica. Le persone con rabbia cronica sono spesso arrabbiate gran parte del tempo.
Manifestazioni: Costante irritabilità, pessimismo, tendenza a vedere il peggio nelle situazioni.

In Conclusione: Personalizzare la Gestione della Rabbia

Identificare il tipo specifico di rabbia che si sta sperimentando può fornire preziose informazioni su come affrontarla. Non tutte le strategie funzionano per tutti i tipi di rabbia, quindi comprendere la propria sfumatura di rabbia può aiutare a scegliere l'approccio più efficace. Nei prossimi capitoli, forniremo strumenti e tecniche che possono essere personalizzati in base al tipo di rabbia che si sta affrontando.

Capitolo 6: Autoconsapevolezza emotiva

Nel Cuore delle Emozioni: L'arte di conoscere se stessi

L'autoconsapevolezza emotiva non è solo la capacità di riconoscere quando si è arrabbiati, ma anche di capire perché e come le emozioni interagiscono tra loro. Questo capitolo esplorerà come imparare ad ascoltare e interpretare le proprie emozioni, fornendo anche esercizi per sviluppare una maggiore consapevolezza.

Esplorare le proprie emozioni: Il viaggio interiore

1. Il Linguaggio delle Emozioni: Ogni emozione ha un messaggio. Ad esempio, la rabbia potrebbe indicare che si è subita un'ingiustizia, mentre la tristezza potrebbe suggerire una perdita.

2. L'Interconnessione Emotiva: Raramente sentiamo una sola emozione alla volta. La rabbia potrebbe essere accompagnata dalla delusione, dal dolore o dalla vergogna.

3. Ascoltare senza Giudizio: Esplorare le emozioni senza giudicarle permette di comprendere veramente da dove nascono.

Esercizi per sviluppare la consapevolezza: Pratiche quotidiane

1. Diario delle Emozioni: Dedica qualche minuto ogni giorno per scrivere come ti senti. Ciò può aiutare a riconoscere modelli o trigger ricorrenti.

2. Meditazione: La pratica della meditazione può aiutarti a diventare più consapevole delle tue emozioni e pensieri, offrendo un momento di introspezione.

3. Check-in Emotivi: Durante la giornata, fermati per un momento e chiediti: "Come mi sento ora?" Questo può aiutarti a sviluppare la consuetudine di riconoscere e nominare le tue emozioni.

4. Dialogo con te stesso: Quando ti senti particolarmente emotivo, prova a fare una domanda a te stesso come: "Perché mi sento così?" o "Cosa ha scatenato questa emozione?".

5. Arte e Creatività: Esprimere te stesso attraverso l'arte, la scrittura o la musica può essere un modo potente per esplorare e comprendere le tue emozioni.

In Conclusione: La Consapevolezza come Bussola

L'autoconsapevolezza emotiva è come una bussola interna. Quando comprendiamo veramente le nostre emozioni, possiamo navigare attraverso la vita con maggiore intenzionalità e purpose. Sviluppando una relazione più profonda con le proprie emozioni, siamo meglio equipaggiati per affrontare, gestire e trasformare la rabbia in maniera costruttiva. Nei capitoli successivi, esploreremo strumenti e strategie specifici per gestire la rabbia sulla base di questa fondamentale consapevolezza emotiva.

Capitolo 7: Tecniche di respirazione e rilassamento

Respirare con Intento: La Chiave per un Cuore Calmo

Il potere del respiro nella gestione della rabbia non può essere sottovalutato. Il semplice atto di respirare consapevolmente può agire come un interruttore, trasformando un momento di intensa rabbia in una pausa di riflessione. Questo capitolo presenterà diverse tecniche di respirazione e rilassamento, complete di esercizi pratici.

Il Collegamento tra Respiro e Rabbia

Quando siamo arrabbiati, la nostra respirazione diventa più rapida e superficiale, e il corpo si prepara all'azione. Prendere il controllo della nostra respirazione può aiutarci a riportare il corpo a uno stato di calma, creando spazio per reagire con maggiore chiarezza e consapevolezza.

Esercizi di Respirazione

1. Respirazione profonda:

- Siediti o sdraiati in una posizione comoda.
- Inspira lentamente dal naso, sentendo il diaframma e lo stomaco espandersi.
- Esercita una breve pausa.
- Espira lentamente dalla bocca, rilasciando completamente l'aria.
- Ripeti per 3-5 minuti.

2. Conteggio del respiro:

- Inspira lentamente contando fino a quattro.
- Trattieni il respiro per un conteggio di quattro.

- Espira lentamente contando fino a quattro.
- Ripeti per 3-5 minuti.

3. Respirazione del ventre:

- Metti una mano sul petto e l'altra sullo stomaco.
- Inspira profondamente dal diaframma, sentendo solo lo stomaco alzarsi.
- Espira lentamente, sentendo lo stomaco abbassarsi.
- Ripeti per 3-5 minuti.

Tecniche di Rilassamento

1. Rilassamento progressivo muscolare:

- Inizia da piedi e avanza verso la testa, tensionando e poi rilasciando ogni gruppo muscolare per 5-10 secondi.
- Concentrati sulla sensazione di rilassamento che segue la tensione.

2. Visualizzazione positiva:

- Chiudi gli occhi e immagina un luogo o una situazione che ti fa sentire calmo e felice.
- Immergiti in questa immagine, notando i colori, i suoni e le sensazioni.

3. Ascolto consapevole:

- Metti della musica rilassante o dei suoni della natura.
- Concentrati sul suono, portando la tua attenzione indietro ogni volta che la mente divaga.

In Conclusione: Un Respiro alla Volta

In momenti di intensa rabbia, la respirazione e le tecniche di rilassamento possono essere i tuoi alleati più potenti. Praticando regolarmente, diventano strumenti che puoi utilizzare automaticamente quando ti trovi di fronte a situazioni stressanti. Nel prossimo capitolo, approfondiremo come comunicare efficacemente, costruendo sul fondamento di calma e chiarezza creato attraverso queste tecniche.

Capitolo 8: Comunicazione efficace

Parlare dal Cuore: L'Arte della Comunicazione Non Violenta

La comunicazione efficace va oltre le parole che scegliamo; riguarda anche il tono, il linguaggio del corpo e l'intenzione. Quando si tratta di esprimere rabbia o frustrazione, la capacità di comunicare in modo non aggressivo diventa cruciale. Questo capitolo esplora come esprimere le proprie emozioni in modo costruttivo e rispettoso, proteggendo le relazioni e favorendo la comprensione reciproca.

La Rabbia e la Comunicazione

La rabbia, quando espressa in modo aggressivo o passivo, può erodere la fiducia e danneggiare le relazioni. Invece, se canalizzata attraverso una comunicazione efficace, può diventare un catalizzatore per il cambiamento e la crescita.

Principi della Comunicazione Non Violenta

1. Osservazione senza giudizio: Evita di etichettare o giudicare. Esprimi semplicemente ciò che hai osservato.

2. Esprimere sentimenti: Comunica come ti senti riguardo a ciò che hai osservato senza attribuire colpa.

3. Esprimere bisogni: Condividi i bisogni o desideri che stanno alla base dei tuoi sentimenti.

4. Fare richieste chiare: Indica ciò che vorresti che accadesse in modo chiaro e positivo.

Strategie per una Comunicazione Efficace

1. Ascolto attivo: Concentrati completamente sull'altro quando parla, evitando di interrompere o formulare risposte mentalmente.

2. "Io" anziché "Tu": Inizia le frasi con "Io sento" o "Io penso" invece di puntare il dito con "Tu sempre" o "Tu mai".

3. Chiedi chiarimenti: Se non sei sicuro di aver capito, chiedi all'altro di ripetere o spiegare meglio.

4. Evita l'escalation: Se la conversazione diventa troppo tesa, prenditi una pausa e ritorna quando entrambi siete più calmi.

5. Pratica l'empatia: Cerca di metterti nei panni dell'altro, cercando di capire i suoi sentimenti e prospettive.

Esercizi per la Comunicazione Efficace

1. Role-play: Esercitati con un amico o un familiare, svolgendo il ruolo di chi esprime una preoccupazione e di chi ascolta, e poi invertendo i ruoli.

2. Journaling: Scrivi una situazione in cui ti sei sentito arrabbiato, poi riscrivila esprimendo i tuoi sentimenti e bisogni in modo costruttivo.

3. Feedback: Dopo una discussione con qualcuno, chiedi un feedback su come hai comunicato. Ciò può aiutarti a riconoscere aree di miglioramento.

In Conclusione: Parole come Ponti

Le parole hanno il potere di costruire ponti o creare barriere. La chiave è imparare a comunicare in modo che le parole avvicinino le persone, anche quando il tema è difficile o carico di emozioni. Nel prossimo capitolo, esploreremo come utilizzare queste abilità di comunicazione nella risoluzione dei conflitti, creando soluzioni che rispettino le esigenze di tutti i coinvolti.

Capitolo 9: Risoluzione dei conflitti

Dalla Tensione alla Comprensione: Percorsi verso la Pace

I conflitti sono una parte inevitabile della vita. Ciò che determina la salute delle nostre relazioni e la nostra pace interiore non è la mancanza di conflitti, ma la nostra capacità di gestirli e risolverli in modo costruttivo. In questo capitolo, esploreremo strategie pratiche per affrontare e risolvere i conflitti in modo che conducano a una maggiore comprensione e collaborazione.

Il Conflitto: Una Prospettiva

Il conflitto non è intrinsecamente negativo. Può servire come un segnale che qualcosa deve cambiare, o che ci sono bisogni e desideri non espressi o non soddisfatti. La chiave è affrontarlo in modo proattivo e costruttivo.

Strategie per la Risoluzione dei Conflitti

1. Ascolto Effettivo: Assicurati di capire veramente il punto di vista dell'altro prima di rispondere. Questo può aiutare a prevenire malintesi e a costruire la fiducia.

2. Evita la colpevolizzazione: Puntare il dito o attribuire colpa può far sentire l'altro sulla difensiva. Concentrati invece sulle azioni e sulle soluzioni.

3. Trova un terreno comune: Cercare aree di accordo può creare una base su cui costruire una soluzione congiunta.

4. Usa la "tecnica del sandwich": Inizia con un feedback positivo, segui con il tuo punto di preoccupazione o disaccordo e chiudi con un altro commento positivo.
5. Sii flessibile: A volte, la soluzione migliore può richiedere un compromesso. Essere aperti al cambiamento può aiutare a trovare una soluzione che funzioni per tutti.
6. Usa la tecnica "ferma e chiarisci": Se ti accorgi che la conversazione sta deviando o diventando troppo emotiva, fai una pausa e riprendi quando entrambe le parti sono più calme.
7. Metti tutto in prospettiva: Considera l'importanza del problema nel contesto più ampio della relazione o della situazione.

Esercizi per la Risoluzione dei Conflitti

1. Scenari ipotetici: Considera diverse situazioni di conflitto e rifletti su come potresti rispondere utilizzando le strategie sopra elencate.

2. Analisi post-conflitto: Dopo un disaccordo o un conflitto, prenditi un momento per riflettere su ciò che è andato bene, cosa avresti potuto fare diversamente e cosa hai imparato.

3. Role-playing: Esercitati con un partner in scenari di conflitto, provando diverse strategie per vedere quali funzionano meglio per te.

In Conclusione: Trovare la Via della Pace

Ogni conflitto offre un'opportunità: l'opportunità di crescere, di comprendere meglio gli altri e noi stessi, e di costruire relazioni più forti e resilienti. Con le giuste strategie e un approccio aperto e collaborativo, possiamo trasformare i momenti di disaccordo in ponti verso una maggiore connessione e comprensione. Nel prossimo capitolo, approfondiremo come gestire e canalizzare la rabbia nei vari ambiti delle relazioni interpersonali.

Capitolo 10: La rabbia nei rapporti interpersonali

Navigare nelle Acque Turbolente: Mantenere la Calma nelle Relazioni

La rabbia, quando espressa in modo non sano, può danneggiare gravemente le nostre relazioni. Che si tratti di una relazione familiare, romantica o professionale, la gestione efficace della rabbia è cruciale per mantenere legami saldi e sani. Questo capitolo esplora come gestire la rabbia in vari contesti relazionali e offre strategie specifiche per ogni tipo di relazione.

La rabbia nelle diverse relazioni: Una panoramica

- **Relazioni familiari:** Qui, le emozioni tendono ad essere più profonde e complesse a causa della storia condivisa e dei legami di sangue.
- **Relazioni romantiche:** La rabbia in questo contesto può essere amplificata da

aspettative non soddisfatte e vulnerabilità emotiva.

- **Relazioni professionali:** In queste relazioni, è essenziale mantenere un equilibrio tra espressione sana e professionalità.

Strategie per gestire la rabbia nelle relazioni familiari

1. Tempo di qualità: Dedicare tempo regolarmente per riconnettersi e risolvere piccoli problemi prima che diventino grandi. *2. Stabilire confini:* Discussione chiara su ciò che è accettabile e ciò che non lo è. *3. Terapia familiare:* Considera di cercare un supporto esterno se ci sono problemi persistenti.

Strategie per gestire la rabbia nelle relazioni romantiche

1. Comunicazione aperta: Condividi regolarmente sentimenti e preoccupazioni, assicurandoti che entrambi siate ascoltati. *2. Crea spazi sicuri:* Momenti in cui entrambi potete esprimervi senza paura di giudizio o ritorsioni. *3. Consulenza di coppia:* Una risorsa preziosa quando ci sono sfide ricorrenti nella relazione.

Strategie per gestire la rabbia nelle relazioni professionali

1. Pausa e riflessione: Prenditi un momento per calmarti prima di rispondere a una situazione stressante. *2. Feedback costruttivo:* Se hai problemi con un collega, esprimi le tue preoccupazioni in modo costruttivo e orientato alla soluzione. *3. Meditazione o tecniche di rilassamento:* Utilizzale per gestire lo stress e prevenire l'accumulo di rabbia.

Esercizi per la gestione della rabbia nelle relazioni

1. Diario relazionale: Annota situazioni in cui hai provato rabbia in una relazione e rifletti su come hai gestito la situazione e come avresti potuto farlo meglio. *2. Role-playing:* Simula situazioni di conflitto con un amico o terapeuta e pratica la gestione della rabbia e la risoluzione dei conflitti.

In Conclusione: Costruire Ponti, Non Barriere

Ricorda che ogni relazione ha i suoi momenti di tensione e disaccordo. Ciò che conta è come affrontiamo queste sfide e come lavoriamo insieme per costruire comprensione e fiducia. Con le giuste strategie e un impegno genuino, possiamo navigare attraverso la rabbia e rafforzare le nostre relazioni nel processo. Nel prossimo capitolo, esploreremo strategie immediate per affrontare la rabbia nel momento in cui si manifesta.

Capitolo 11: Strategie per il controllo immediato

Quando la Tempesta Arriva: Guida Pratica per Navigare nella Rabbia

Ognuno di noi ha sperimentato momenti in cui la rabbia sembra prendere il sopravvento. In tali momenti, può sembrare impossibile mantenere il controllo. Tuttavia, con le giuste tecniche e una preparazione adeguata, possiamo affrontare e gestire questi episodi in modo costruttivo. Questo capitolo fornirà tecniche immediate da applicare quando la rabbia esplode.

Comprendere l'Ira Istantanea

La rabbia immediata è spesso una reazione istintiva a una percezione di minaccia o ingiustizia. Mentre può servire come meccanismo di difesa, può anche portare a decisioni impulsive e dannose.

Tecniche per il controllo immediato

1. Conta fino a dieci: Questa tecnica classica dà al tuo cervello il tempo di calmarsi e valutare la situazione prima di reagire.

2. Respirazione profonda: Concentrandoti sulla tua respirazione, puoi ridurre il ritmo cardiaco e calmare il sistema nervoso.

3. Time-out: Se senti che la tua rabbia sta per esplodere, allontanati dalla situazione e datti il tempo di calmarti.

4. Focalizzazione: Concentrati su un oggetto o un'immagine pacifica, come una foto di un amato o un luogo rilassante.

5. Ridimensionamento: Chiediti quanto sarà importante questa situazione tra un giorno, una settimana o un anno. Questo può aiutarti a mettere le cose in prospettiva.

6. Sostituisci i pensieri negativi: Invece di concentrarti su ciò che ti ha fatto arrabbiare, pensa a qualcosa di positivo o rilassante.

7. Usa affermazioni positive: Ripeti frasi come "Posso gestire questa situazione" o "Sto prendendo il controllo dei miei sentimenti".

Strumenti da tenere a portata di mano

1. App di meditazione: Molti smartphone hanno applicazioni che offrono brevi sessioni di meditazione guidata, utili in momenti di stress intenso.

2. Musica: Avere una playlist di canzoni rilassanti o uplifting può essere un ottimo modo per distogliere l'attenzione dalla rabbia.

3. Blocco note o app per scrivere: Scrivere ciò che senti può aiutarti a elaborare la tua rabbia e a vederla in una luce diversa.

In Conclusione: La Rabbia Non Ha il Controllo, Tu Hai

La chiave per gestire la rabbia istantanea è la preparazione. Conoscendo te stesso e avendo a portata di mano le giuste tecniche e strumenti, puoi affrontare e superare anche gli episodi di rabbia più intensi. Nel prossimo capitolo, esploreremo come le credenze limitanti possono influenzare la nostra percezione e gestione della rabbia.

Capitolo 12: Riconoscere le credenze limitanti

Le Catene Invisibili: Come le Nostre Credenze Formano la Nostra Reazione alla Rabbia

Ognuno di noi porta con sé un insieme di credenze acquisite nel corso della vita. Queste credenze, spesso radicate nell'infanzia o in esperienze passate, possono influenzare profondamente il modo in cui percepiamo e reagiamo agli eventi della vita, incluso come gestiamo la rabbia. Mentre alcune di queste credenze possono essere utili, altre possono limitarci. Questo capitolo esplorerà come riconoscere e superare queste credenze limitanti.

Il Potere delle Credenze

Le credenze sono come lenti attraverso le quali vediamo il mondo. Possono influenzare il nostro comportamento, le nostre reazioni emotive e persino la nostra autostima.

Identificazione delle Credenze Limitanti

Alcune credenze comuni che possono influenzare la gestione della rabbia includono:

1. *"Non ho il diritto di arrabbiarmi."* Questa credenza può portare a reprimere la rabbia fino a quando non esplode in modo incontrollabile.

2. *"Se mostro la mia rabbia, gli altri mi rifiuteranno."* Questo può portare a evitare conflitti a tutti i costi, anche a spese delle proprie esigenze.

3. *"La rabbia è una debolezza."* Questa visione può impedire di affrontare e gestire la rabbia in modo sano.

Superare le Credenze Limitanti

1. Riflessione e consapevolezza: Riconoscere che una credenza esiste è il primo passo per cambiarla.

2. Sfida le tue credenze: Chiediti se la tua credenza è veramente accurata e se ti serve ancora.

3. Riscrivi la tua storia: Sostituisci credenze limitanti con affermazioni positive che ti supportano.

4. Terapia e coaching: Un professionista può aiutarti a identificare e lavorare su credenze radicate.

5. Circondati di supporto: Avere amici o familiari che ti incoraggiano può fare una grande differenza.

Esercizi per lavorare sulle credenze limitanti

1. Diario delle credenze: Scrivi le tue credenze su un quaderno e valuta come influenzano il tuo comportamento e le tue emozioni.

2. "Sfida la credenza": Ogni volta che riconosci una credenza limitante, scrivi

una contro-argomentazione o un esempio
che dimostri il contrario.

In Conclusione: Liberare la Mente, Liberare l'Anima

Le credenze limitanti possono agire come catene invisibili, trattenendoci e impedendoci di vivere la nostra vita al meglio. Riconoscere e affrontare queste credenze è fondamentale per una gestione sana della rabbia e per una vita più soddisfacente. Nel prossimo capitolo, approfondiremo l'importanza del perdono e dell'accettazione nel processo di gestione della rabbia.

Capitolo 13: Forgiveness e accettazione

Il Ponte verso la Pace Interiore: L'Arte di Perdonare e Accettare

Il perdono non è solo un gesto verso gli altri, ma anche un dono che ci facciamo. Attraverso il perdono e l'accettazione, possiamo liberarci dal peso delle offese passate e dai sentimenti negativi che ci trattengono, permettendoci di vivere con maggiore serenità. Questo capitolo esplorerà l'importanza del perdono e offrirà esercizi pratici per coltivarlo nella nostra vita.

Perché è importante perdonare

1. Liberazione emotiva: Il rancore e la rabbia repressa possono diventare un fardello. Perdonare ci libera da queste catene emotive.

2. Benessere fisico: Numerosi studi hanno dimostrato che il perdono può ridurre lo stress, abbassare la pressione sanguigna e migliorare la salute generale.

3. Crescita personale: Il perdono ci permette di imparare dalle nostre esperienze, sviluppare empatia e maturare come individui.

4. Riconciliazione: Anche se il perdono non significa necessariamente riconciliarsi con chi ci ha fatto del male, può aprire la porta al dialogo e alla comprensione.

Accettare ciò che non può essere cambiato

L'accettazione non significa approvazione. Significa riconoscere la realtà di una situazione e decidere di non permettere che essa controlli o definisca la nostra vita.

Esercizi pratici per il perdono e l'accettazione

1. Meditazione sul perdono: Dedica alcuni minuti al giorno a meditare sul concetto di perdono. Visualizza la persona o la situazione che ha causato dolore e immagina di liberare quel peso.

2. Scrivi una lettera: Scrivi una lettera alla persona che ti ha ferito. Non è necessario inviarla, ma il processo di scrittura può aiutarti a elaborare i tuoi sentimenti.

3. Dialogo interiore: Quando senti rancore o rabbia, parla con te stesso. Chiediti perché ti senti così e cosa puoi fare per rilasciare quei sentimenti.

4. Pratica la gratitudine: Concentrati su ciò che è positivo nella tua vita. Scrivere un diario di gratitudine può aiutarti a concentrarti sulle cose buone e a lasciare andare il negativo.

5. Chiedi aiuto: Se trovi difficile perdonare, considera la possibilità di consultare un terapeuta o un consigliere per guidarti nel processo.

In Conclusione: Il Viaggio del Cuore
Il perdono e l'accettazione sono passi essenziali nel viaggio verso una vita più pacifica e armoniosa. Anche se può essere difficile, i benefici per la nostra salute mentale, fisica ed emotiva sono immensi. Nel prossimo capitolo, discuteremo come gestire la rabbia nei bambini, offrendo consigli per genitori ed educatori.

Capitolo 14: Gestire la rabbia nei bambini

Piccole Fiamme, Grandi Eruzioni: Navigare attraverso la Rabbia Infantile

I bambini, con la loro natura esplosiva e la mancanza di filtri emotivi, possono manifestare la rabbia in modi che possono sembrare sproporzionati agli adulti. Tuttavia, è fondamentale comprendere che, come per gli adulti, la rabbia è una risposta naturale e sana a situazioni di frustrazione o paura. Questo capitolo offrirà strumenti e strategie per aiutare genitori ed educatori a gestire e canalizzare in modo costruttivo la rabbia nei bambini.

Comprendere la Rabbia Infantile

La rabbia nei bambini spesso ha radici in sentimenti di impotenza, frustrazione o incomprensione. Essi potrebbero non avere ancora sviluppato le competenze comunicative per esprimere ciò che sentono, portando a manifestazioni di rabbia.

Strumenti e strategie per genitori ed educatori

1. Ascolto attivo: Ascolta il bambino senza interromperlo e cerca di comprendere la fonte della sua frustrazione.

2. Validazione dei sentimenti: Anche se non condividi la reazione del bambino, riconosci e valida i suoi sentimenti.

3. Esercizi di respirazione: Insegna al bambino tecniche di respirazione profonda per aiutarlo a calmarsi.

4. Time-out costruttivi: Piuttosto che punire, usa il time-out come un momento per il bambino di riflettere e calmarsi.

5. Espressione artistica: Incoraggia il bambino a disegnare o scrivere ciò che sente. Questo può servire come sfogo per le sue emozioni.

6. Gioco di ruolo: Simula situazioni che potrebbero scatenare rabbia e lavora insieme per trovare soluzioni.

7. *Imposta limiti chiari:* I bambini
prosperano con la struttura. Fornire regole
e limiti chiari può aiutare a prevenire
episodi di rabbia.

8. *Modello di comportamento:* I bambini
imparano osservando. Dimostra tecniche
di gestione della rabbia nella tua routine
quotidiana.

9. *Parla del futuro:* Dopo che un episodio
di rabbia si è placato, discuti con il
bambino su come potrebbe affrontare una
situazione simile in futuro.

10. *Cerca segnali premonitori:* Osserva il
bambino e nota eventuali segnali o schemi
che precedono un'esplosione di rabbia.
Intervenire prima può prevenire un
episodio completo.

In Conclusione: Coltivare la Pace dall'Infanzia

Gestire la rabbia nei bambini può essere una sfida, ma con gli strumenti giusti, pazienza e comprensione, è possibile aiutarli a sviluppare abilità di gestione delle emozioni che li serviranno per tutta la vita. Nel prossimo capitolo, esploreremo la potenza della mindfulness come strumento per prevenire e gestire la rabbia.

Capitolo 15: Mindfulness

La Quiete nel Cuore della Tempesta: La Mindfulness e la Gestione della Rabbia

La mindfulness, o pratica della consapevolezza, ha le sue radici in antiche tradizioni meditative, ma negli ultimi anni è diventata sempre più popolare come strumento terapeutico e di crescita personale. Questo capitolo esplorerà come la mindfulness può offrire un potente rimedio contro la rabbia, aiutandoci a rispondere alle sfide della vita con equilibrio e serenità, piuttosto che reagire impulsivamente.

Cos'è la Mindfulness?

La mindfulness è l'abilità di essere pienamente presenti, consapevoli di dove siamo e cosa stiamo facendo, senza essere eccessivamente reattivi o sopraffatti da ciò che accade intorno a noi.

Mindfulness e Rabbia: La Connettività

1. Osservazione senza Giudizio: La mindfulness ci insegna ad accogliere i nostri pensieri e sentimenti senza giudizio. Quando avvertiamo la rabbia, possiamo osservarla senza identificarci con essa o agire impulsivamente su di essa.

2. Interrompere il Ciclo: Praticando la consapevolezza, possiamo riconoscere quando stiamo per reagire con rabbia e scegliere una risposta più ponderata.

3. Riconoscere i Trigger: La mindfulness ci aiuta a diventare più consapevoli delle situazioni, pensieri o sentimenti che scatenano la nostra rabbia.

Esercizi di Mindfulness per la Rabbia

1. Meditazione di Scansione Corporea: Questa pratica ci invita a prestare attenzione a diverse parti del nostro corpo, riconoscendo tensioni e liberandole.

2. Respirazione Consapevole: Concentrandosi sulla respirazione, possiamo calmare la mente e centrarci, soprattutto quando sentiamo che la rabbia sta montando.

3. Meditazione Camminata: Camminando lentamente e deliberatamente, possiamo ancorarci al momento presente e allontanarci dalla fonte della nostra rabbia.

4. Esercizio del Riconoscimento: Quando avverti la rabbia, prendi un momento per riconoscerla: "Sento la rabbia". Questo semplice atto di riconoscimento può interrompere il ciclo di reazione impulsiva.

Mindfulness nella Vita Quotidiana

Incorporare la mindfulness nella tua routine quotidiana non significa che devi meditare per ore ogni giorno. Può essere semplice come prendere qualche momento per respirare profondamente durante la giornata, o fare una pausa per notare come ti senti fisicamente ed emotivamente.

In Conclusione: La Serenità Nella Tempesta

La mindfulness offre un rifugio di calma e consapevolezza nel bel mezzo delle tempeste emotive della vita. Attraverso la pratica regolare, possiamo sviluppare una capacità di gestione della rabbia che è radicata nella gentilezza verso noi stessi e gli altri. Nel prossimo capitolo, esploreremo quando e come cercare supporto professionale per la gestione della rabbia.

Capitolo 16: Terapia e Supporto Professionale

Un Ponte verso l'Equilibrio: Cercare Aiuto Professionale nella Gestione della Rabbia

Mentre molte persone trovano sollievo e strategie efficaci attraverso la pratica individuale e la crescita personale, ci sono momenti in cui la rabbia diventa troppo opprimente o dannosa. In tali situazioni, cercare un aiuto professionale può essere la chiave per ripristinare l'equilibrio e trovare soluzioni durature.

Quando cercare Aiuto Professionale?

1. Rabbia Incontrollabile: Quando la rabbia diventa troppo intensa o frequente e influisce negativamente sulla tua vita quotidiana.

2. Danneggiare sé stessi o altri: Quando la rabbia porta a comportamenti violenti o autodistruttivi.

3. Problemi Relazionali: Se la rabbia sta causando problemi nelle tue relazioni personali o professionali.

4. Coinvolgimento Legale: Situazioni in cui la rabbia ha portato a problemi legali, come aggressioni o danni alla proprietà.

I Vantaggi della Terapia

1. Ambiente Sicuro: Un terapeuta fornisce un ambiente neutrale e confidenziale dove esprimere e esplorare la tua rabbia.

2. Comprensione Profonda: Con l'aiuto di un professionista, puoi scavare più in profondità nelle cause sottostanti della tua rabbia.

3. Strumenti e Strategie: I terapeuti possono fornire strumenti e tecniche specifiche per gestire e canalizzare la rabbia in modi sani.

4. Sostegno Continuo: La terapia offre un supporto regolare, aiutandoti a rimanere sulla giusta strada nel tuo percorso di gestione della rabbia.

Tipi di Terapie per la Rabbia

1. Terapia Cognitivo-Comportamentale (TCC): Questo approccio si concentra sul riconoscimento e sulla modifica dei pensieri e comportamenti negativi.

2. Terapia Interpersonale: Si concentra sul miglioramento delle capacità comunicative e sulla risoluzione dei problemi nelle relazioni.

3. Gruppi di Supporto: Gruppi di persone che condividono sfide simili possono offrire comprensione, consigli e supporto reciproco.

4. Terapie Corpo-Mente: Approcci come la biofeedback o la meditazione, che collegano mente e corpo per gestire le reazioni emotive.

Come Trovare il Terapeuta Giusto

1. Richiedi Referenze: Medici, amici o colleghi possono avere raccomandazioni.

2. Valutazione Iniziale: Molti terapeuti offrono sessioni iniziali per determinare se sono adatti alle tue esigenze.

3. Esperienza e Specializzazione: Cerca un professionista specializzato nella gestione della rabbia o nelle problematiche affini.

4. Senti il tuo Istinto: È importante sentirsi a proprio agio e fiduciosi nel terapeuta che scegli.

In Conclusione: L'Aiuto Esterno come Ponte verso l'Armonia

Mentre l'autogestione e le strategie personali sono essenziali, a volte abbiamo bisogno di un'ancora esterna per aiutarci a navigare attraverso le tempeste emotive. La terapia e il supporto professionale possono essere quella bussola che ci guida verso acque più calme. Nel prossimo capitolo, discuteremo delle strategie preventive per evitare le esacerbazioni della rabbia.

Capitolo 17: Prevenzione della Rabbia

L'Anticipazione come Chiave: Riduzione della Frequenza e Intensità della Rabbia

Se la gestione della rabbia è il primo passo per mantenere l'equilibrio emotivo, la prevenzione è la strategia saggia per minimizzare le circostanze in cui questa gestione diventa necessaria. Attraverso la comprensione e l'applicazione di strategie preventive, possiamo ridurre la frequenza e l'intensità dei momenti di rabbia nella nostra vita.

Strategie Preventive: La Base

1. Conoscenza di Sé: Comprendere le proprie "triggers" o cause scatenanti è essenziale. Riconoscere le situazioni o le persone che tendono a provocarti può aiutarti a evitare o prepararti per tali situazioni.

2. Gestione dello Stress: Lo stress è una causa principale della rabbia. Trova tecniche di rilassamento, come la meditazione o lo yoga, che ti aiutino a gestire lo stress quotidiano.

3. Mantieni un Equilibrio di Vita: Assicurati di avere tempo per te stesso, per le attività che ami e per il riposo. Un corpo e una mente ben riposati sono meno inclini alle reazioni di rabbia.

4. Espressione Positiva: Trova modi sani per esprimere le tue emozioni, come scrivere, disegnare o parlare con un amico di fiducia.

5. Allenamento Cognitivo: Impara a riconoscere e sfidare pensieri negativi o distorti che possono alimentare la rabbia.

Creare un Ambiente Positivo

1. Circondati di Positività: Circonda te stesso di persone e situazioni che elevano il tuo spirito e ti danno una prospettiva positiva sulla vita.

2. Stabilisci Confini: Impara a dire "no" e a stabilire limiti che ti aiutino a evitare situazioni stressanti o conflittuali.

3. Evita l'Isolamento: Condividi le tue preoccupazioni o frustrazioni con gli altri. A volte, parlarne può alleviare la tensione e prevenire l'accumulo di rabbia.

Nutrizione e Salute Fisica

1. Dieta Equilibrata: Mangiare cibi sani ed equilibrati può influire sul tuo stato d'animo e sulla tua capacità di gestire lo stress.

2. Esercizio Fisico: L'attività fisica aiuta a liberare la tensione e produce endorfine, che sono sostanze chimiche naturali che promuovono la felicità.

3. Evita Stimolanti e Depressori: L'alcol, la caffeina e alcune droghe possono alterare il tuo stato d'animo e la tua capacità di gestire la rabbia.

In Conclusione: La Prevenzione come Stile di Vita

Prevenire la rabbia non significa eliminare tutte le potenziali fonti di frustrazione dalla tua vita. Piuttosto, significa sviluppare una mentalità e delle abitudini che ti permettono di affrontare la vita con una prospettiva più equilibrata e pacifica. Nel prossimo capitolo, ci immergeremo nelle storie di coloro che hanno trasformato la loro rabbia in qualcosa di positivo.

Capitolo 18: Storie di Successo

La Potenza della Trasformazione

La rabbia, se non controllata, può causare danni notevoli nella nostra vita e nelle relazioni con gli altri. Tuttavia, con il giusto approccio e le strategie adatte, è possibile trasformarla in un potente catalizzatore per il cambiamento e la crescita personale. In questo capitolo, condivideremo alcune testimonianze ispiratrici di individui che sono riusciti a trasformare la loro rabbia in qualcosa di costruttivo e positivo.

1. Marco: Da Pugile a Mediatore

Marco era noto per la sua natura esplosiva. Una volta, durante un litigio con un collega, sferrò un pugno che gli costò il lavoro e una denuncia. Invece di affondare ancora di più nell'ira, Marco decise di cercare aiuto. Grazie alla terapia e alle tecniche di meditazione, riuscì non solo a controllare la sua rabbia, ma anche a utilizzare la sua capacità di comprensione dei conflitti per diventare un mediatore professionista.

2. Giulia: Trasformare la Rabbia in Arte

Dopo una rottura dolorosa, Giulia si ritrovò sommersa dalla rabbia e dalla frustrazione. Invece di lasciarsi consumare da questi sentimenti, decise di canalizzarli nella pittura. Col tempo, le sue tele divennero l'espressione delle sue emozioni, trasformando la sua rabbia in bellissime opere d'arte che toccavano il cuore di chi le osservava.

3. Andrea: L'Atleta di Successo

Andrea crebbe in un quartiere difficile, dove la rabbia e la violenza erano la norma. Per lui, la soluzione fu il basket. Invece di sfogare la sua rabbia per le strade, Andrea si dedicò completamente allo sport. Ogni volta che sentiva montare la rabbia, la sfogava sul campo. Questa determinazione lo portò a ottenere una borsa di studio per l'università e, in seguito, a diventare un giocatore professionista.

4. Elisa: La Rabbia come Motivazione

Dopo essere stata licenziata ingiustamente, Elisa si sentì arrabbiata e tradita. Invece di lasciarsi abbattere, utilizzò quella rabbia come carburante per avviare la sua attività. Ora gestisce una delle più grandi aziende nel suo settore, dando lavoro a molte persone e dimostrando che con la giusta mentalità, la rabbia può essere un potente motore di successo.

In Conclusione: La Rabbia Come Opportunità

Le storie di Marco, Giulia, Andrea ed Elisa sono solo alcune tra le tante testimonianze di chi ha saputo trasformare la rabbia da nemica a alleata. Ogni storia è unica, ma tutte condividono una lezione fondamentale: con la determinazione, il supporto e le giuste strategie, la rabbia può diventare un'opportunità per crescere e raggiungere successi inaspettati. Nel prossimo capitolo, vi forniremo esercizi pratici per aiutarvi a mettere in pratica quanto appreso.

Capitolo 19: Esercizi Pratici

La Teoria in Azione

Comprendere la rabbia e le sue dinamiche è fondamentale, ma mettere in pratica ciò che abbiamo imparato è il vero passo verso la trasformazione. In questo capitolo, forniremo una serie di esercizi pratici per aiutarvi a gestire, esprimere e trasformare la vostra rabbia in modo costruttivo.

1. Registro della Rabbia Obiettivo: Aumentare la consapevolezza delle situazioni che innescano la rabbia.

- Prendi un taccuino e annota ogni volta che ti senti arrabbiato.

- Scrivi la situazione, l'ora del giorno, ciò che ha innescato la tua rabbia e come ti sei sentito.
- Dopo una settimana, rivedi le tue note. Cerca modelli o temi ricorrenti.

2. Respirazione Quadrata Obiettivo:

Calmare il sistema nervoso e ridurre la rabbia immediata.

- Trova un posto tranquillo.
- Respira lentamente contando fino a 4.
- Trattieni il respiro contando fino a 4.
- Espira lentamente contando fino a 4.
- Ripeti per almeno 5 minuti.

3. Riscrittura della Storia Obiettivo:

Cambiare la prospettiva su eventi passati che causano rabbia.

- Pensa a un evento del passato che ti fa ancora arrabbiare.
- Scrivi la storia come la ricordi.
- Ora, prova a riscriverla da una prospettiva diversa o immaginando un esito positivo.

4. Dialogo con la Rabbia Obiettivo: Comprendere meglio le origini della tua rabbia.

- Immagina che la tua rabbia sia una persona seduta di fronte a te.
- Fai domande alla tua rabbia. Chiedi perché è presente e cosa vuole.
- Ascolta le risposte. Potresti scoprire informazioni preziose sulle tue emozioni nascoste.

5. Allenamento al Feedback Obiettivo: Esprimere i sentimenti di rabbia in modo costruttivo.

- Con un amico o un familiare, pratica la condivisione di feedback usando la formula "Quando tu... mi sento... perché...".
- Questo metodo consente di esprimere la rabbia senza colpevolizzare l'altro.

6. Meditazione sulla Comprensione Obiettivo: Sviluppare l'empatia e ridurre la rabbia verso gli altri.

- Siediti comodamente e chiudi gli occhi.

- Pensa a una persona che ti ha fatto arrabbiare recentemente.
- Immagina di vedere il mondo attraverso i suoi occhi, compresi i suoi stress e le sue sfide.
- Apri il tuo cuore alla comprensione e all'empatia.

Conclusione:

La pratica rende perfetti. Continua a esercitarti con queste attività, adattandole alle tue esigenze. Con il tempo, noterai una diminuzione degli episodi di rabbia e una maggiore capacità di gestire le situazioni in modo costruttivo. Nel prossimo capitolo, parleremo di come progettare un percorso di crescita continua verso una vita senza rabbia.

Capitolo 20: La Via Verso una Vita Senza Rabbia

La Trasformazione Continua

La gestione della rabbia non è un traguardo che si raggiunge una volta per tutte. Piuttosto, è un percorso continuo di crescita e apprendimento. Tuttavia, con gli strumenti giusti e una visione chiara, è possibile costruire una vita in cui la rabbia non domina le nostre reazioni, ma serve come segnale per una maggiore comprensione di sé.

1. Visione e Valori Obiettivo: Definire una visione chiara della vita che desideri, dove la rabbia è gestita in modo sano.

- Scrivi una dichiarazione di visione per te stesso in cui immagini la tua vita senza l'ombra costante della rabbia.
- Elenca i valori fondamentali che desideri onorare nella tua vita, come il rispetto, la pazienza o la comprensione.

2. Pianificazione Proattiva Obiettivo:

Anticipare e prevenire situazioni che potrebbero innescare la rabbia.

- Prendi nota delle situazioni che, come hai appreso, tendono a innescare la tua rabbia.
- Pensa a modi proattivi per affrontare queste situazioni in futuro, come evitare particolari stimoli o preparare in anticipo delle risposte calme.

3. Rete di Supporto Obiettivo:

Circondati di persone che ti sostengono nel tuo percorso di gestione della rabbia.

- Identifica gli amici, i familiari o i professionisti che possono aiutarti quando ti senti sopraffatto.
- Stabilisci un sistema di "verifica" con queste persone, dove possono offrire feedback o semplicemente ascoltarti.

4. Revisione e Riflessione Obiettivo:

Valuta regolarmente i tuoi progressi e adatta il tuo piano di gestione della rabbia di conseguenza.

- Dedica un momento ogni settimana o mese per riflettere sui tuoi progressi.
- Rivedi il tuo "Registro della Rabbia" e prendi nota di eventuali miglioramenti o aree che richiedono ulteriore attenzione.

---

5. Formazione Continua Obiettivo: Mantieniti aggiornato sulle ultime ricerche e tecniche di gestione della rabbia.

- Partecipa a seminari, leggi libri o unisciti a gruppi di supporto dedicati alla gestione della rabbia.
- Condividi ciò che impari con gli altri, contribuendo a creare una comunità di persone che gestiscono la rabbia in modo sano.

---

6. Celebra i Tuoi Successi Obiettivo: Riconosci e celebra i tuoi progressi lungo il percorso.

- Quando noti miglioramenti nel modo in cui gestisci la rabbia, prenditi un momento per riconoscerlo.

- Tratta te stesso a piccole ricompense, come una giornata di relax o un trattamento speciale.

Conclusione:

Ricorda, la via verso una vita senza rabbia è un viaggio, non una destinazione. Ci saranno alti e bassi, ma con impegno, consapevolezza e le strategie giuste, puoi costruire una vita caratterizzata da pace interiore, relazioni sane e autorealizzazione. Continua a camminare con determinazione e compassione verso te stesso.

Conclusione

La rabbia è un'emozione universale, una reazione umana naturale alle minacce, alle frustrazioni o alle ingiustizie. Ma, come abbiamo esplorato nel corso di questo libro, la chiave non è reprimere o negare questa emozione, ma piuttosto comprendere, accogliere e gestire in modo costruttivo la rabbia.

La gestione della rabbia non è solo una questione di evitare conflitti o mantenere la pace. Va ben oltre. Si tratta di vivere una vita più autentica, consapevole e soddisfacente. Quando apprendiamo come gestire la rabbia, ci diamo l'opportunità di rispondere alle sfide della vita non con reattività impulsiva, ma con consapevolezza e intenzionalità. In questo modo, possiamo prendere decisioni più sagge, costruire relazioni più forti e vivere con un senso di pace interiore.

Il percorso verso una gestione efficace della rabbia non è sempre facile. Ci sono momenti in cui potremmo sentirci sopraffatti, frustrati o scoraggiati. Ma, come abbiamo visto, con le giuste strategie, risorse e supporti, possiamo trasformare la nostra rabbia da un nemico a un alleato, da un'ombra che oscura la nostra vita a una luce che illumina il nostro cammino verso una maggiore autocomprensione e crescita personale.

In conclusione, desidero incoraggiare ogni lettore a proseguire nel proprio viaggio di esplorazione e gestione della rabbia. Che tu stia appena iniziando o che tu sia già ben avviato in questo percorso, sappi che ogni passo, anche il più piccolo, ti avvicina a una versione di te stesso più pacifica, equilibrata e armoniosa.

Ricorda che il benessere emotivo non è una destinazione, ma un viaggio. E mentre ti avventuri in questo viaggio, sii gentile con te stesso, riconosci i tuoi progressi e celebra ogni successo lungo la strada.

La tua capacità di gestire la rabbia è un dono non solo per te, ma anche per le persone intorno a te, per le tue relazioni e per il mondo in generale. Continua a nutrire e coltivare questa capacità, e vedrai come può trasformare la tua vita in modi che non avresti mai immaginato.

Grazie per aver condiviso questo percorso di apprendimento e crescita. Ti auguro ogni successo nel tuo continuo viaggio verso il benessere emotivo.

Appendice • Ulteriori risorse, libri, corsi e riferimenti sul tema.

Appendice

Ulteriori Risorse e Letture Consigliate

La comprensione e la gestione della rabbia sono campi di studio ampi e in continua evoluzione. Se desideri approfondire ulteriormente, ecco alcune risorse consigliate che possono fornirti ulteriori informazioni e strumenti:

1. **Libri:**
   - *La Danza della Rabbia* di Harriet Lerner - Una profonda analisi sulla rabbia nelle donne e su come trasformarla in una forza positiva.
   - *L'arte di domare la rabbia* di Thich Nhat Hanh - Un'interpretazione buddista sulla gestione della rabbia attraverso la mindfulness e la meditazione.

- *Rabbia: Gestire l'emozione più distruttiva* di Ronald Potter-Efron - Esplora le radici della rabbia e offre tecniche pratiche per gestirla.

2. **Corsi Online:**
   - **Gestione della Rabbia 101** - Un corso introduttivo che fornisce una panoramica completa sulle cause, gli effetti e le tecniche di gestione della rabbia.
   - **Mindfulness e Rabbia** - Un corso che combina pratiche di mindfulness e tecniche di gestione della rabbia.

3. **Organizzazioni e Gruppi di Supporto:**
   - **Associazione Italiana per la Gestione della Rabbia (AIGR)** - Un'organizzazione che offre risorse, formazione e supporto per individui e professionisti.
   - **Gruppi di Supporto per la Gestione della Rabbia** - Gruppi locali che offrono incontri e sessioni per condividere esperienze e strategie sulla gestione della rabbia.

4. **Riferimenti scientifici e articoli:**
   - *Journal of Anger and Aggression* - Una rivista accademica dedicata alla ricerca sulla rabbia e l'aggressività.
   - *Rabbia e neuroscienze* - Un articolo che esplora gli aspetti neurologici e biologici della rabbia.
5. **App e Strumenti Digitali:**
   - **Calm** - Una app per la meditazione e il rilassamento, con sessioni specifiche sulla gestione delle emozioni.
   - **Mood Tracker** - Una app che aiuta a monitorare e comprendere le proprie emozioni quotidiane, inclusa la rabbia.

Ricorda, la chiave è trovare ciò che funziona meglio per te. Non tutti gli strumenti o le risorse saranno adatti a tutti, quindi prenditi il tempo per esplorare e scoprire ciò che ti risuona di più. La tua dedizione a comprendere e gestire la tua rabbia è un investimento prezioso nel tuo benessere e in quello delle persone che ti circondano. Buon viaggio!

Conclusione: Un Percorso Verso la Comprensione e la Gestione della Rabbia

Hai intrapreso un viaggio profondo ed esaustivo attraverso la comprensione della rabbia, le sue origini, le sue manifestazioni e, soprattutto, le strategie per gestirla e trasformarla in una forza costruttiva piuttosto che distruttiva. La rabbia, come hai visto, non è necessariamente un'emozione da evitare o reprimere, ma piuttosto da comprendere, accettare e canalizzare in modi produttivi.

Riepilogo dei punti chiave:

1. **Definizione e comprensione della rabbia**: La rabbia è una reazione naturale ad alcune situazioni, legata ai nostri meccanismi biologici e psicologici.

2. **Gestione della rabbia**: Importante per la nostra salute mentale e fisica.

3. **Riconoscimento dei segnali**: La consapevolezza dei segnali fisici ed emotivi può aiutare a prevenire esplosioni d'ira.

4. **Origini e tipi di rabbia**: Comprendere le cause e le diverse manifestazioni della rabbia ci aiuta a gestirla meglio.

5. **Strumenti e strategie**: Dalla mindfulness alla terapia, esistono molte strategie efficaci per gestire la rabbia.

Ulteriori risorse per approfondire: Per continuare il tuo percorso di crescita e comprensione della rabbia, ti consiglio di visitare i seguenti siti web e guide:

1. **Anger Management Institute** (www.angermanagementinstitute.com): Una risorsa completa per corsi, formazioni e informazioni sulla gestione della rabbia.

2. **Mindful.org** (www.mindful.org): Offre articoli e guide sulla mindfulness, che può essere uno strumento prezioso nella gestione delle emozioni forti come la rabbia.

3. **Associazione Italiana per la Gestione della Rabbia (AIGR)** (www.aigr.org): Una risorsa specifica per gli italiani, con articoli, ricerche e corsi sul tema.

Se senti che la tua rabbia sta influenzando negativamente la tua vita o le tue relazioni,

considera di consultare un professionista.
Terapisti e counselor possono offrire
strumenti, risorse e supporto
personalizzati per aiutarti.
In ultima analisi, il tuo impegno nella
gestione della rabbia può portarti a una
vita più pacifica, più felice e più in sintonia
con te stesso e con gli altri. La tua volontà
di affrontare e lavorare con la tua rabbia è
un segno di forza e saggezza. Continua il
tuo percorso e trova pace e chiarezza nelle
tue reazioni emotive.
**Buon viaggio verso una
comprensione più profonda e una
gestione efficace della tua rabbia!**

Sezione: Approfondimenti sulla Rabbia: Dall'Origine alla Trasformazione

---

1. **La rabbia attraverso le culture**:
   - Come diverse culture e società percepiscono e gestiscono la rabbia.
   - Esempi storici e contemporanei di gestione della rabbia in diverse parti del mondo.
2. **Neurobiologia della rabbia**:
   - Cosa succede nel cervello quando ci arrabbiamo.
   - Connessione tra rabbia, amigdala e corteccia prefrontale.
3. **La rabbia e il genere**:
   - Differenze nella manifestazione e gestione della rabbia tra uomini e donne.
   - Studi e ricerche sulla correlazione tra rabbia e identità di genere.
4. **La rabbia nel digitale**:
   - Come la rabbia si manifesta nel mondo online: dalle discussioni sui social media ai commenti tossici.

- Strumenti e tecniche per gestire la rabbia online e prevenire il cyberbullismo.
5. **Rabbia e creatività**:
    - Come canalizzare la rabbia in forme d'arte e espressione creativa.
    - Testimonianze di artisti che hanno utilizzato la rabbia come fonte d'ispirazione.
6. **Rabbia e sport**:
    - L'utilizzo dello sport come via di sfogo e gestione della rabbia.
    - Benefici dell'attività fisica nella regolazione delle emozioni.
7. **Il legame tra rabbia e altre emozioni**:
    - Come la rabbia può mascherare o essere connessa ad altre emozioni come la tristezza, la paura o l'ansia.
    - Tecniche per disinnescare la rabbia indagando le emozioni sottostanti.

Sezione: Approfondimenti sulla Rabbia: Dall'Origine alla Trasformazione

1. **La rabbia attraverso le culture**:
   - Come diverse culture e società percepiscono e gestiscono la rabbia.
   - Esempi storici e contemporanei di gestione della rabbia in diverse parti del mondo.
2. **Neurobiologia della rabbia**:
   - Cosa succede nel cervello quando ci arrabbiamo.
   - Connessione tra rabbia, amigdala e corteccia prefrontale.
3. **La rabbia e il genere**:
   - Differenze nella manifestazione e gestione della rabbia tra uomini e donne.
   - Studi e ricerche sulla correlazione tra rabbia e identità di genere.
4. **La rabbia nel digitale**:
   - Come la rabbia si manifesta nel mondo online: dalle discussioni sui social media ai commenti tossici.

- Strumenti e tecniche per gestire la rabbia online e prevenire il cyberbullismo.

5. **Rabbia e creatività**:
   - Come canalizzare la rabbia in forme d'arte e espressione creativa.
   - Testimonianze di artisti che hanno utilizzato la rabbia come fonte d'ispirazione.

6. **Rabbia e sport**:
   - L'utilizzo dello sport come via di sfogo e gestione della rabbia.
   - Benefici dell'attività fisica nella regolazione delle emozioni.

7. **Il legame tra rabbia e altre emozioni**:
   - Come la rabbia può mascherare o essere connessa ad altre emozioni come la tristezza, la paura o l'ansia.
   - Tecniche per disinnescare la rabbia indagando le emozioni sottostanti.

1. La rabbia attraverso le culture: • Come diverse culture e società percepiscono e gestiscono la rabbia. • Esempi storici e contemporanei di gestione della rabbia in diverse parti del mondo.

Capitolo 21: La rabbia attraverso le culture

La rabbia, pur essendo un'emozione universale, è influenzata e modellata da innumerevoli fattori culturali, sociali e storici. Il modo in cui si manifesta, viene espressa e gestita può variare notevolmente da una cultura all'altra. Queste differenze possono derivare da una miriade di fattori, tra cui credenze religiose, norme sociali, storia e tradizioni. **Come diverse culture e società percepiscono e gestiscono la rabbia:** La percezione e la gestione della rabbia sono strettamente legate ai valori e alle norme culturali di una società. Ad esempio, in alcune culture asiatiche, come quelle giapponesi e cinesi, la rabbia è spesso vista come una manifestazione di perdita di controllo e può essere stigmatizzata. L'espressione aperta della rabbia può essere considerata socialmente inaccettabile, e quindi, le persone possono essere indotte a reprimere o mascherare la loro rabbia.

Al contrario, in alcune culture occidentali, esprimere la propria rabbia in modo assertivo (ma non aggressivo) può essere visto come un segno di onestà e autenticità. Tuttavia, anche in queste culture, ci sono linee guida sociali su quando e come è appropriato manifestare la rabbia.

Esempi storici e contemporanei di gestione della rabbia in diverse parti del mondo:

- **Antica Grecia**: La rabbia, o "thumos" in greco antico, era spesso associata al desiderio di vendetta. Era sia lodata come motore di coraggio in battaglia sia criticata quando causava conflitti inutili. Figure mitologiche come Achille sono esempi di come la rabbia potesse essere sia una fonte di forza sia una debolezza.

- **India**: Il concetto di "Krodh" nel Sikhismo è uno dei cinque vizi o passioni che un individuo deve controllare. Nel Buddhismo, la rabbia è vista come una delle tre radici del male, insieme al desiderio e all'ignoranza.
- **Culture indigene**: Molti popoli indigeni in tutto il mondo hanno rituali e cerimonie specifici per gestire e trasformare la rabbia e altri sentimenti negativi, riconoscendo la loro potenza ma anche il loro potenziale distruttivo.
- **Società moderne**: Con l'avvento dei social media e delle comunicazioni digitali, la rabbia ha trovato nuovi modi di manifestarsi, spesso amplificata e distorta. Tuttavia, molte culture stanno anche riconoscendo l'importanza della gestione della rabbia e dell'educazione emotiva, portando a una maggiore consapevolezza e comprensione di questa potente emozione. In conclusione, la rabbia, nella sua essenza, può essere universale, ma il suo contesto, espressione e gestione sono profondamente radicati nella tessitura

culturale di ogni società. Comprendere queste differenze può offrire preziose intuizioni su come gestire la rabbia in modo efficace e costruttivo in una società globalizzata.

Capitolo 22: Neurobiologia della rabbia

La rabbia, come tutte le emozioni, ha profonde radici nel nostro cervello. Più precisamente, può essere localizzata e studiata attraverso la rete di strutture e connessioni neurali che collaborano per produrre, regolare e manifestare questa potente emozione. Avendo una migliore comprensione di ciò che succede nel nostro cervello quando si verifica la rabbia, possiamo essere meglio attrezzati per gestirla in modo efficace.

Cosa succede nel cervello quando ci arrabbiamo: Quando una situazione o uno stimolo viene percepito come una minaccia o come fonte di frustrazione, il nostro cervello inizia un intricato processo di elaborazione. Questo inizia con la percezione dello stimolo attraverso i nostri sensi, che poi viene elaborato dalle strutture cerebrali per determinare una risposta adeguata. Se la risposta è la rabbia, allora una serie di eventi neurobiologici si mettono in moto: rilascio di ormoni come il cortisolo, aumento della frequenza cardiaca, afflusso di sangue ai muscoli e preparazione per una potenziale "lotta o fuga".

Connessione tra rabbia, amigdala e corteccia prefrontale:

- **Amigdala**: Questa piccola struttura a forma di mandorla nel nostro cervello gioca un ruolo cruciale nella percezione e reazione alle minacce. È essenzialmente il sistema di allarme del nostro cervello. Quando percepiamo uno stimolo come minaccioso, l'amigdala si attiva, portando a una rapida risposta emotiva, come la rabbia. L'amigdala agisce molto rapidamente, spesso prima che siamo consapevoli della minaccia, preparandoci a reagire.

- **Corteccia prefrontale**: Situata nella parte anteriore del cervello, la corteccia prefrontale è coinvolta in funzioni superiori come la presa di decisioni, la pianificazione, l'inibizione delle risposte impulsive e la regolazione delle emozioni. Quando si tratta di rabbia, la corteccia prefrontale può moderare o inibire le risposte automatiche generate dall'amigdala. Ad esempio, potrebbe dirci di fermarci e riflettere prima di reagire impulsivamente in una situazione di rabbia.

La dinamica tra amigdala e corteccia prefrontale è fondamentale nella gestione della rabbia. Quando funzionano in modo ottimale, la corteccia prefrontale ci aiuta a regolare e controllare le nostre risposte immediate generate dall'amigdala. Tuttavia, se c'è un'attività eccessiva

nell'amigdala o una regolazione
insufficiente dalla corteccia prefrontale,
potremmo riscontrare difficoltà nel gestire
la nostra rabbia.

In conclusione, la rabbia è un fenomeno
complesso che coinvolge molteplici
strutture e funzioni cerebrali. Una migliore
comprensione della sua neurobiologia può
fornirci strumenti preziosi per gestire
questa emozione in modo più consapevole
ed efficace.

3. La rabbia e il genere: • Differenze nella
manifestazione e gestione della rabbia tra
uomini e donne. • Studi e ricerche sulla
correlazione tra rabbia e identità di genere.

Capitolo 23: La rabbia e il genere

Il genere gioca un ruolo importante nella
nostra società e influisce sul modo in cui le
persone vivono e interpretano le emozioni,
compresa la rabbia. Esistono percezioni
culturali e sociali radicate che dipingono gli
uomini come più aggressivi e le donne

come più emotive. Ma queste generalizzazioni resistono all'analisi scientifica? Esploriamo le differenze tra i generi nella manifestazione e nella gestione della rabbia e cosa dicono gli studi recenti sul tema.

Differenze nella manifestazione e gestione della rabbia tra uomini e donne:

- **Uomini**: Tradizionalmente, nella maggior parte delle culture, agli uomini è stato insegnato a reprimere le loro emozioni, eccetto la rabbia, che spesso viene vista come un'emozione socialmente accettabile per loro. Gli uomini potrebbero manifestare la rabbia in modi più diretti, come l'aggressione fisica o verbale. Inoltre, potrebbero avere meno probabilità di parlare dei loro sentimenti o cercare soluzioni alternative quando sono arrabbiati.

- **Donne**: Le donne, d'altra parte, sono spesso incoraggiate a esprimere le loro emozioni, ma nello stesso tempo, potrebbero sentirsi scoraggiate dal mostrare rabbia a causa delle percezioni sociali che etichettano l'ira femminile come "isterica" o "irrazionale". Di conseguenza, le donne potrebbero manifestare la rabbia in modi indiretti, come l'astinenza o il ritiro, o potrebbero esprimerla come tristezza o frustrazione piuttosto che come rabbia pura.

Studi e ricerche sulla correlazione tra rabbia e identità di genere:

- Alcuni studi suggeriscono che le differenze tra uomini e donne nella manifestazione della rabbia potrebbero essere più una questione di socializzazione piuttosto che di biologia. Questo significa che sin da piccoli, ci viene insegnato, attraverso esempi e feedback, come dovremmo comportarci in base al nostro genere.

- Recentemente, con l'evoluzione delle discussioni sulla fluidità di genere e l'accettazione delle identità non binarie, la ricerca si è allargata per esplorare come le persone al di fuori del binario di genere tradizionale vivono e gestiscono la rabbia.

- È interessante notare che la cultura e la socializzazione giocano un ruolo enorme nel modellare la nostra percezione della rabbia in relazione al genere. In alcune culture, ad esempio, le donne possono essere altrettanto esplicitamente aggressive come gli uomini senza stigma. In conclusione, mentre le differenze biologiche tra i generi possono avere un certo impatto sulle emozioni e sul comportamento, la cultura, la socializzazione e le aspettative di genere hanno un ruolo predominante nel determinare come uomini, donne e individui non binari manifestano e gestiscono la rabbia. È essenziale andare oltre gli stereotipi di genere e comprendere la rabbia come un'emozione umana universale, influenzata da una miriade di fattori interni ed esterni.

Capitolo 24: La rabbia nel digitale

Con l'espansione delle tecnologie digitali e l'onnipresenza dei social media, la rabbia ha trovato nuovi canali di espressione. Il mondo online, pur offrendo innumerevoli opportunità di connessione e comunicazione, ha anche presentato sfide uniche nella manifestazione e nella gestione della rabbia. Questo capitolo esplorerà come la rabbia si presenta nel mondo digitale e fornirà strumenti e tecniche per gestirla in modo efficace.

Come la rabbia si manifesta nel mondo online:

- **Discussioni sui social media**: La natura spesso impersonale delle interazioni online può far sì che le persone si sentano libere di esprimere la rabbia in modi che potrebbero non fare di persona. Questo può portare a discussioni infiammate, in cui l'escalation dell'ira diventa rapida e incontrollata.
- **Commenti tossici e troll**: Il fenomeno dei "troll" su Internet vede individui che

provocano deliberatamente altri utenti per suscitare una reazione. La loro motivazione spesso deriva dal desiderio di attirare l'attenzione e causare conflitti.

- **Cyberbullismo**: Questa forma di bullismo online può avere impatti devastanti sul benessere mentale e emotivo delle vittime. Gli aggressori spesso utilizzano la rabbia e l'aggressione come strumenti per intimidire e tormentare altri online.

Strumenti e tecniche per gestire la rabbia online:

- **Pausa prima di rispondere**: Prendersi un momento per respirare e riflettere prima di rispondere a un commento o un post irritante può aiutare a prevenire l'escalation delle emozioni.

- **Limitare l'esposizione**: Se determinati argomenti, gruppi o individui tendono a suscitare rabbia, potrebbe essere utile limitare l'esposizione a tali trigger.

- **Utilizzo di filtri e controlli parentali**: Questi strumenti possono aiutare a filtrare contenuti offensivi o inappropriati, riducendo le occasioni di confronto.

- **Educazione al digitale**: Corsi e programmi che insegnano ai giovani e agli adulti come comportarsi online, comprendendo l'importanza della cortesia digitale e la gestione delle emozioni nel mondo virtuale.

- **Ricerca di supporto**: Gruppi e forum online che offrono sostegno e consigli su come gestire la rabbia e le aggressioni online possono essere risorse preziose.

In conclusione, mentre il digitale ha reso più facile che mai connettersi con gli altri, ha anche portato nuove sfide nella gestione della rabbia. È essenziale avere strumenti e strategie per navigare nel mondo online in modo sano e rispettoso, prevenendo l'escalation dei conflitti e promuovendo la comprensione.

Capitolo 25: Rabbia e creatività

La rabbia, sebbene spesso percepita come un'emozione distruttiva, può anche diventare un potente catalizzatore per la creatività. Molti artisti, scrittori e creatori hanno scoperto che la rabbia, quando canalizzata in modi produttivi, può portare a opere d'arte profonde, provocatorie e rivoluzionarie. Questo capitolo esplora come la rabbia può essere trasformata in espressione creativa e presenta testimonianze di artisti che hanno utilizzato questa potente emozione come fonte d'ispirazione.

Come canalizzare la rabbia in forme d'arte e espressione creativa:

- **Scrittura**: La rabbia può essere trasformata in parole, poesie, racconti o saggi. Scrivere permette di esplorare e processare l'emozione, trasformandola in una narrazione significativa.
- **Arti visive**: Pittura, scultura, fotografia e altre forme d'arte visiva possono diventare un mezzo per rappresentare e processare

sentimenti di rabbia. L'uso del colore, della forma e della texture può esprimere intensità e passioni.

- **Musica**: Molti musicisti hanno utilizzato la rabbia come punto di partenza per creare canzoni o composizioni potenti. Generi come il punk, il rock e il rap, in particolare, hanno spesso affrontato temi di rabbia e resistenza.

- **Danza**: Il movimento del corpo può diventare un mezzo per esprimere e liberare la rabbia. La danza permette di canalizzare l'energia in maniera fisica, trasformando l'emozione in azione.

Testimonianze di artisti che hanno utilizzato la rabbia come fonte d'ispirazione:

- **Frida Kahlo**: Attraverso le sue opere, Kahlo ha spesso esplorato temi di dolore, sofferenza e rabbia, derivanti dalle sue esperienze personali di trauma fisico e emotivo.

- **The Clash**: Questa band punk è conosciuta per le sue canzoni cariche di rabbia che affrontano temi di ingiustizia sociale e politica.
- **Maya Angelou**: Nelle sue opere, Angelou ha affrontato temi di rabbia, razzismo e discriminazione, utilizzando la sua voce per esplorare e condannare le ingiustizie.
- **Ai Weiwei**: Questo artista e attivista cinese ha utilizzato la sua arte come mezzo per esprimere la sua rabbia contro l'oppressione e la censura del governo cinese.

In sintesi, mentre la rabbia può essere una forza distruttiva, quando viene indirizzata in modo creativo, può anche diventare una fonte di ispirazione, resistenza e cambiamento. La capacità di trasformare la rabbia in arte è un potente mezzo di espressione e guarigione.

Capitolo 26: Rabbia e sport

Lo sport ha da sempre rappresentato una via di fuga, un momento di sfogo e una fonte di disciplina per molte persone. La natura stessa dello sport, che combina sforzo fisico con strategia mentale, lo rende un'attività particolarmente utile per chi cerca di gestire emozioni intense come la rabbia. Questo capitolo analizza come lo sport possa diventare uno strumento efficace nella gestione della rabbia e i benefici che l'attività fisica può apportare nella regolazione delle emozioni.

L'utilizzo dello sport come via di sfogo e gestione della rabbia:

- **Espressione fisica**: La rabbia, spesso, si manifesta attraverso un'energia fisica accumulata. Lo sport, con i suoi movimenti e sforzi fisici, offre un'opportunità per liberare questa energia in un ambiente controllato e strutturato.

- **Focalizzazione e disciplina**: Molte discipline sportive richiedono un alto livello di concentrazione. Questa focalizzazione può aiutare a distogliere l'attenzione dai trigger della rabbia e canalizzarla verso un obiettivo sportivo.

- **Apprendimento della sconfitta**: Lo sport insegna che perdere fa parte del gioco. Questa lezione può aiutare a sviluppare una maggiore resilienza e una migliore gestione delle frustrazioni, spesso alla base della rabbia.

Benefici dell'attività fisica nella regolazione delle emozioni:

- **Rilascio di endorfine**: L'attività fisica stimola il corpo a produrre endorfine, noti anche come "ormoni della felicità". Queste sostanze chimiche naturali agiscono come analgesici e migliorano l'umore, aiutando a neutralizzare i sentimenti di rabbia.

- **Riduzione dello stress**: L'esercizio fisico è noto per ridurre i livelli di stress, una delle cause principali della rabbia. Lo sport aiuta ad alleviare la tensione muscolare e a promuovere un senso di benessere.

- **Miglioramento dell'autostima**: La pratica sportiva può rafforzare la fiducia in se stessi e l'autostima, riducendo i sentimenti di vulnerabilità che possono scatenare la rabbia.
- **Sviluppo della socializzazione**: Gli sport di squadra, in particolare, offrono l'opportunità di interagire con gli altri, imparando a lavorare insieme e a gestire i conflitti in maniera costruttiva.

In conclusione, lo sport rappresenta uno strumento potente per chi cerca di gestire e trasformare la propria rabbia. La combinazione di sforzo fisico, disciplina mentale e interazione sociale fa dello sport un alleato prezioso nella gestione delle emozioni intense.

Capitolo 27: Il legame tra rabbia e altre emozioni

La rabbia, spesso, è come la punta di un iceberg: ciò che vediamo in superficie rappresenta solo una piccola parte di ciò che si trova sott'acqua. Molte volte, questa potente emozione può mascherare o essere strettamente connessa ad altre emozioni. Comprendere e riconoscere questi legami può offrire una chiave fondamentale per gestire la rabbia in modo efficace. In questo capitolo, esploreremo il rapporto tra la rabbia e altre emozioni e forniremo tecniche per indagare le emozioni sottostanti.

Come la rabbia può mascherare o essere connessa ad altre emozioni:

- **Rabbia e Tristezza**: Non è raro che la rabbia mascheri una profonda tristezza o delusione. Ad esempio, un individuo potrebbe esprimere rabbia dopo una rottura sentimentale, ma alla base di quella rabbia potrebbe esserci un profondo senso di perdita o di lutto.

- **Rabbia e Paura**: La rabbia può essere una risposta difensiva a situazioni di pericolo o minaccia. In questo contesto, la rabbia agisce come una corazza, proteggendo l'individuo dalla vulnerabilità della paura.
- **Rabbia e Ansia**: L'ansia, con le sue preoccupazioni incessanti, può portare a sentimenti di frustrazione e impotenza, che a loro volta possono scatenare la rabbia.

Tecniche per disinnescare la rabbia indagando le emozioni sottostanti:

- **Introspezione**: Prendersi un momento per riflettere internamente e chiedersi: "Cosa sento realmente? La mia rabbia sta mascherando un'altra emozione?"
- **Tecniche di consapevolezza**: La pratica della mindfulness può aiutare a riconoscere e separare la rabbia dalle emozioni sottostanti, permettendo di affrontare ogni emozione in modo distinto.
- **Comunicazione assertiva**: Esprimere i propri sentimenti in modo chiaro e non aggressivo può aiutare a chiarire le cause

della rabbia e a indirizzarle in modo più produttivo.

- **Terapia e counseling**: Un terapeuta può aiutare a esplorare le emozioni sottostanti alla rabbia e a fornire strumenti per gestirle.

In conclusione, riconoscere che la rabbia può essere legata o mascherata da altre emozioni è fondamentale per una gestione efficace. Lavorando per comprendere e affrontare queste emozioni sottostanti, si può trovare una maggiore pace e equilibrio emotivo.

Conclusione della Sezione:

Attraverso questi ultimi capitoli, abbiamo esplorato ulteriori sfaccettature e dimensioni della rabbia. Dal suo rapporto con la cultura e la neurobiologia, alle sue manifestazioni nell'era digitale, passando per il suo legame con la creatività, lo sport e altre emozioni, è chiaro che la rabbia è un'emozione complessa, profondamente radicata nelle nostre esperienze e influenzata da una molteplicità di fattori. La chiave per una gestione efficace della rabbia non risiede nel sopprimere o ignorare questa emozione, ma nell'accettarla, comprenderla e utilizzare strumenti e tecniche appropriati per canalizzarla in modo costruttivo.

Conclusione del Libro:

Mentre giungiamo al termine di questo percorso, riflettiamo su un concetto fondamentale: la rabbia, come tutte le emozioni, fa parte della condizione umana. Non è né buona né cattiva in sé; ciò che conta è come scegliamo di rispondere ad essa.

Tutto ciò che abbiamo discusso e appreso in questo libro ci fornisce le basi per affrontare la rabbia in modo consapevole e costruttivo. Se c'è una cosa da ricordare, è che il cammino verso una gestione efficace della rabbia è un percorso continuo di apprendimento, introspezione e crescita personale.

Risorse Ulteriori:

Per coloro che desiderano approfondire ulteriormente l'argomento, vi consigliamo di consultare i seguenti siti web e guide:

1. Associazione Italiana di Psicologia
2. Centro di Mindfulness e Terapia Cognitiva
3. Rete di Supporto per la Gestione della Rabbia

Inoltre, numerosi corsi, seminari e workshop sono disponibili in molte città, offrendo formazione pratica e supporto nella gestione della rabbia.

Grazie per aver intrapreso questo viaggio con noi. Che tu possa trovare la pace interiore e le risposte che cerchi nel tuo percorso di comprensione e gestione della rabbia.